历代经典碑帖高清放大对照本

欧阳询
九成宫醴泉铭

荆霄鹏 编

長江出版傳媒
湖北美術出版社

图书在版编目（C I P）数据

欧阳询九成宫醴泉铭 / 荆霄鹏编 .
—武汉：湖北美术出版社，2014.10（2019.2 重印）
（历代经典碑帖高清放大对照本）
ISBN 978-7-5394-6969-0
Ⅰ. ①欧…
Ⅱ. ①荆…
Ⅲ. ①楷书－碑帖－中国－唐代
Ⅳ. ① J292.33
中国版本图书馆 CIP 数据核字（2014）第 132737 号

责任编辑：熊晶
策划编辑：林芳　王祝
技术编辑：范晶
编写顾问：杨庆
封面设计：图书整合机构 JINGRENTUSHU

历代经典碑帖高清放大对照本
欧阳询九成宫醴泉铭　　© 荆霄鹏　编
出版发行：长江出版传媒 湖北美术出版社
地　　址：武汉市洪山区雄楚大道 268 号 B 座
邮　　编：430070
电　　话：（027）87391256　　87679564
网　　址：http://www.hbapress.com.cn
E - mail：hbapress@vip.sina.com
印　　刷：武汉市金港彩印有限公司
开　　本：880mm×1230mm　1/16
印　　张：5
版　　次：2014 年 10 月第 1 版　2019 年 2 月第 7 次印刷
定　　价：30.00 元

出版说明

每一门艺术都有它的学习方法，临摹法帖被公认为学习书法的不二法门，但何为经典，如何临摹，仍然是学书者不易解决的两个问题。本套丛书引导读者认识经典，揭示法书临习方法，为学书者铺就了顺畅的书法艺术之路。具体而言，主要体现以下特色：

一、选帖严谨，版本从优

本套丛书遴选了历代碑帖的各种书体，上起先秦篆书《石鼓文》，下至明清王铎行草书等，这些法帖经受了历史的考验，是公认的经典之作，足以从中取法。但这些法帖在历史的流传中，常常出现多种版本，各版本之间或多或少会存在差异，对于初学者而言，版本的鉴别与选择并非易事。本套丛书对碑帖的各种版本作了充分细致的比较，从中选择了保存完好、字迹清晰的版本，最大程度还原出碑帖的形神风韵。

二、原帖精印，例字放大

尽管我们认为学习经典重在临习原碑原帖，但相当多的经典法帖，或因捶拓磨损变形，或因原字过小难辨，给初期临习带来困难。为此，本套丛书在精印原帖的同时，选取原帖最具代表性的例字予以放大还原成墨迹，或用名家临本，与原帖进行对照，方便读者对字体细节的深入研究与临习。

三、释文完整，指导精准

各册对原帖用简化汉字进行标识，方便读者识读法帖的内容，了解其背景，这对深研书法本身有很大帮助。同时，笔法是书法的核心技术，赵孟頫曾说："书法以用笔为上，而结字亦须用工，盖结字因时而传，用笔千古不易。"因此对诸帖用笔之法作精要分析，揭示其规律，以期帮助读者掌握要点。

俗话说"曲不离口，拳不离手"，临习书法亦同此理。不在多讲多说，重在多写多练。本套丛书从以上各方面为读者提供了帮助，相信有心者藉此对经典法帖能登堂入室，举一反三，增长书艺。

九成宫醴泉铭。祕（秘）书监捡校侍中。钜鹿郡公。臣魏徵奉勑（敕）撰。

郡
九
公
铭
敕
校

维贞观六年孟夏之月。皇帝避暑乎九成之宫。此则随之仁寿宫也。冠山抗殿。绝

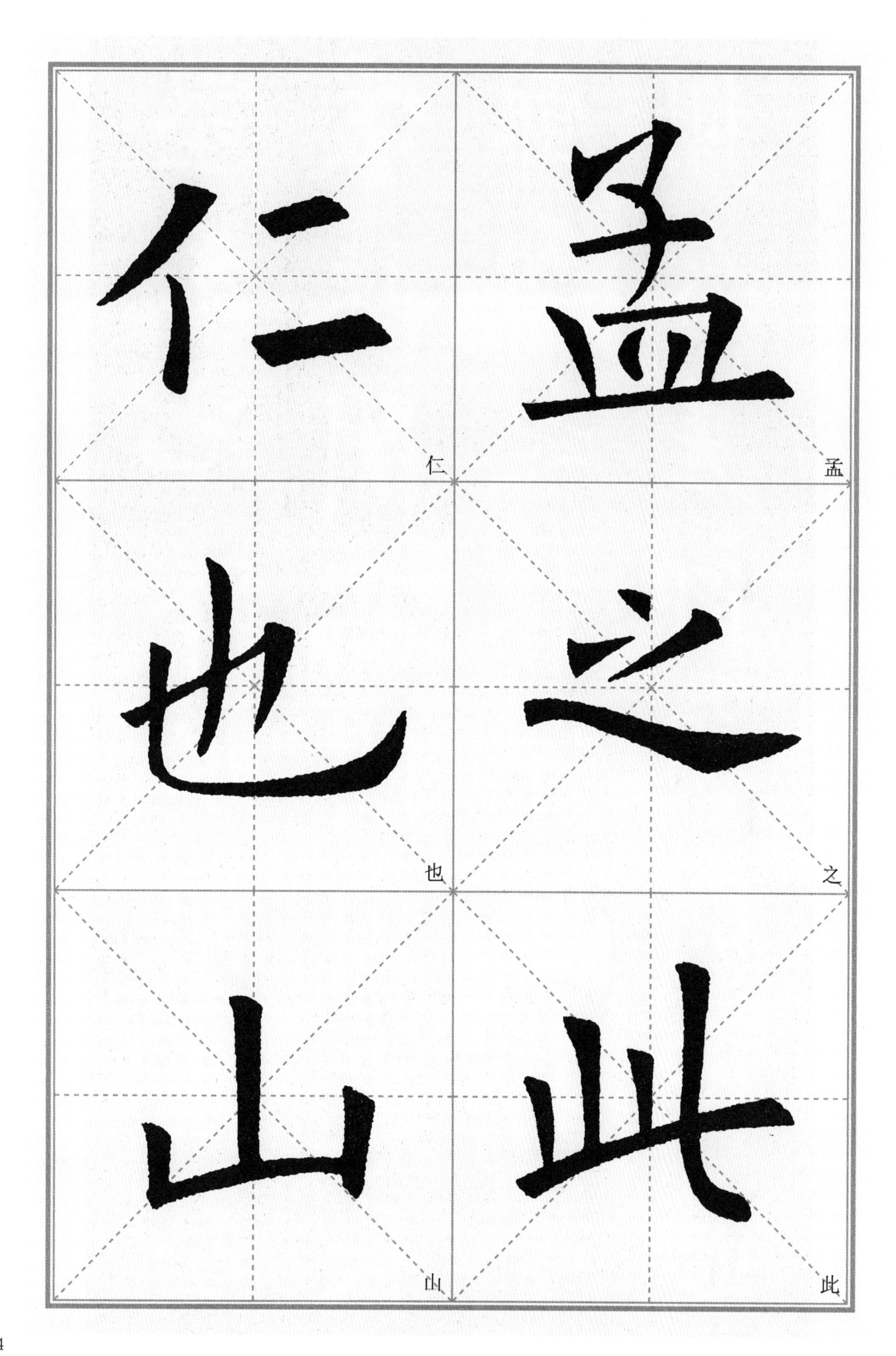
孟
之
此
仁
也
山

鋻为池。跨水架楹。分巘（岩）竦阙。高阁周建。长廊四起。栋宇胶葛。台榭杂（参）差。仰视则迢递

建
分
长
竦
参
周

百尋下臨則崢嶸千仞珠璧交暎金碧相暉照灼雲霞蔽虧日月觀其移山迴澗窮

百寻。下临则峥嵘千仞。珠璧交暎（映）。金碧相晖。照灼云霞。蔽亏日月。观其移山迴（回）涧。穷

百
臨
則
壁
交
穷

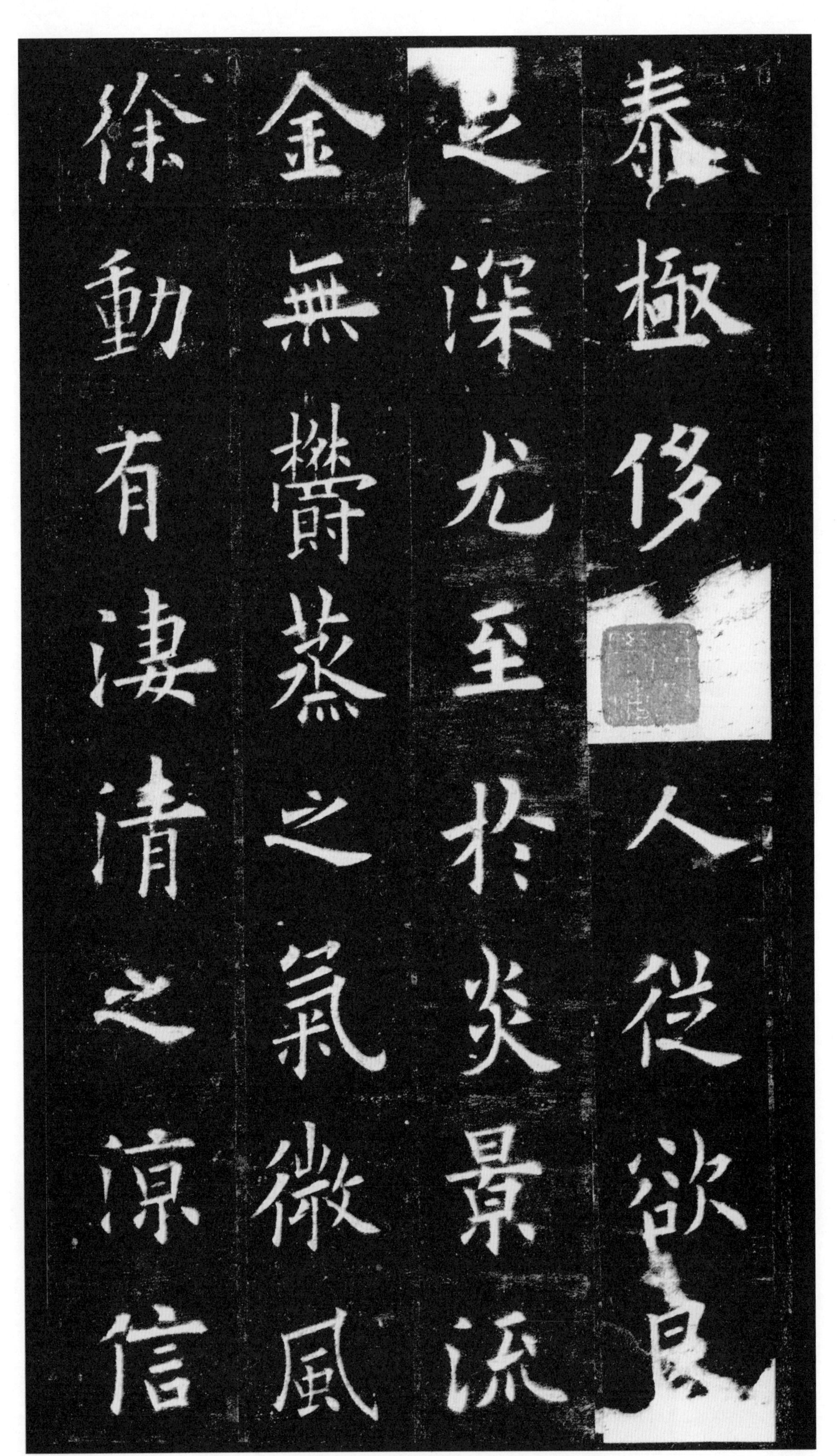

泰极侈。以人从欲。良足深尤。至於炎景流金。无郁蒸之气。微风徐动。有凄清之凉（凉）。信

从
炎
流
蒸
气
风

安体之佳所。诚养神之胜地。汉之甘泉。不能尚也。皇帝爱在弱冠。经营

安
弱
神
经
尚
营

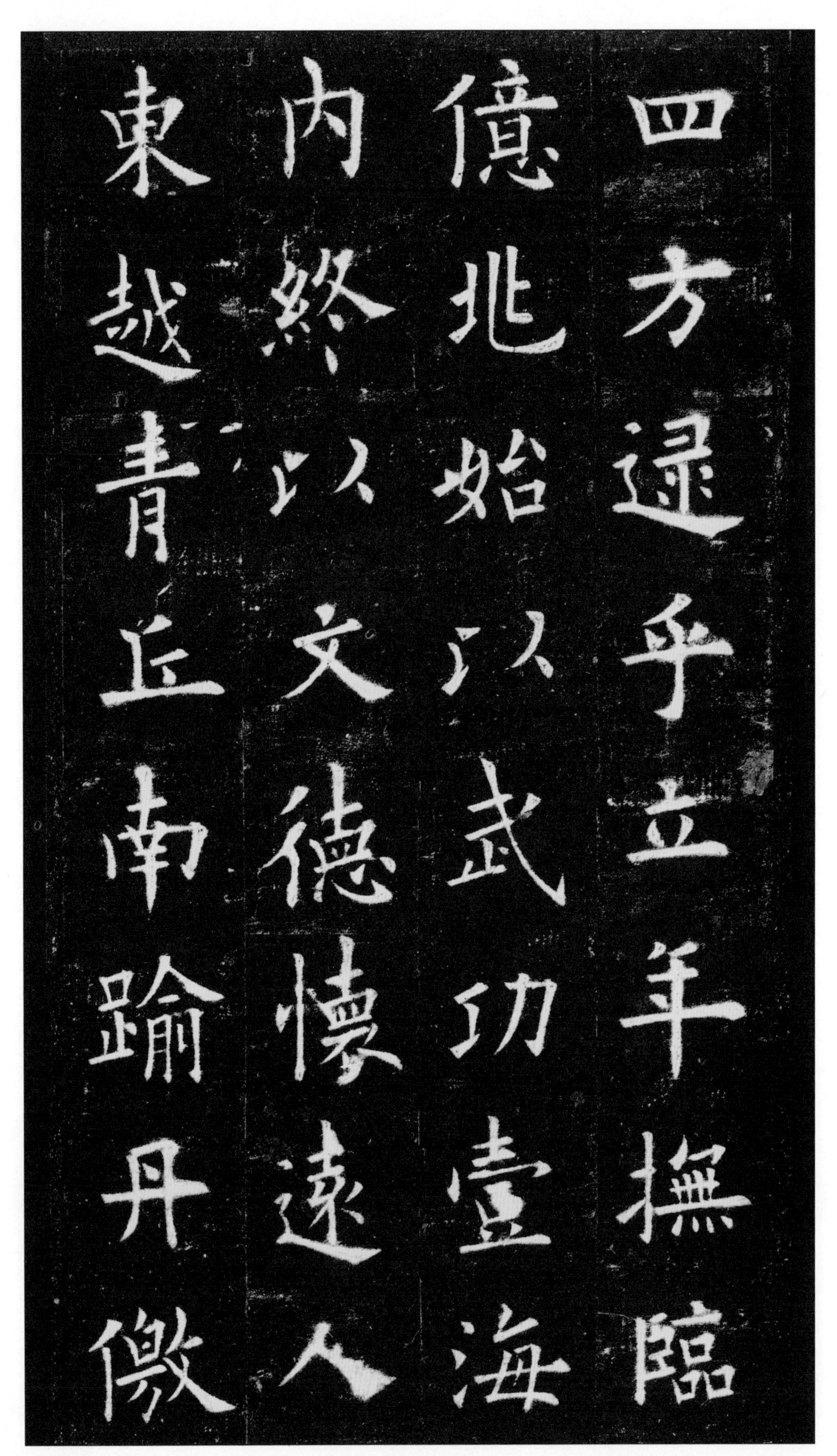

四方。逮乎立年。抚临亿兆。始以武功壹海内。终以文德怀远人。东越青丘。南踰（逾）丹儌（徼）。

兆
四
武
逮
内
乎

皆献琛奉贽。重译来王。西暨轮台。北拒玄阙。並（并）地列州县。人充编户。气淑年和。迩安

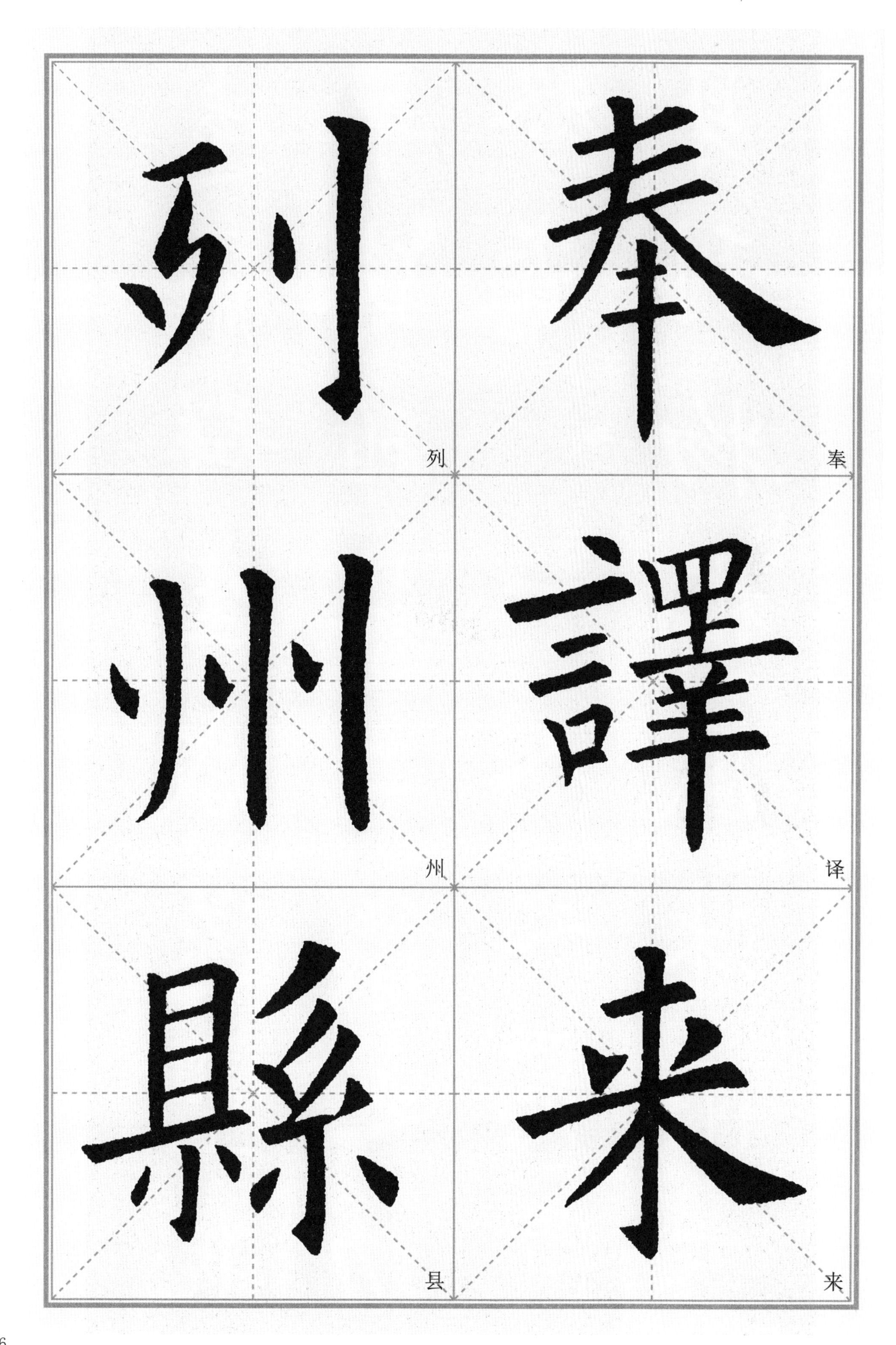
奉
列
译
州
来
县

远肃。群生咸遂。灵贶毕臻。虽藉二仪之功。终资一人之虑。遗身利物。栉风沐雨。百

咸
人
遂
身
终
沐

為心憂勞成疾同
堯肌之如腊甚禹足
之胼胝針石屢加腠
理猶滯爰居京室每

姓为心。忧劳成疾。同尧肌之如腊。甚禹足之胼胝。针石屡加。腠理犹滞。爰居京室。每

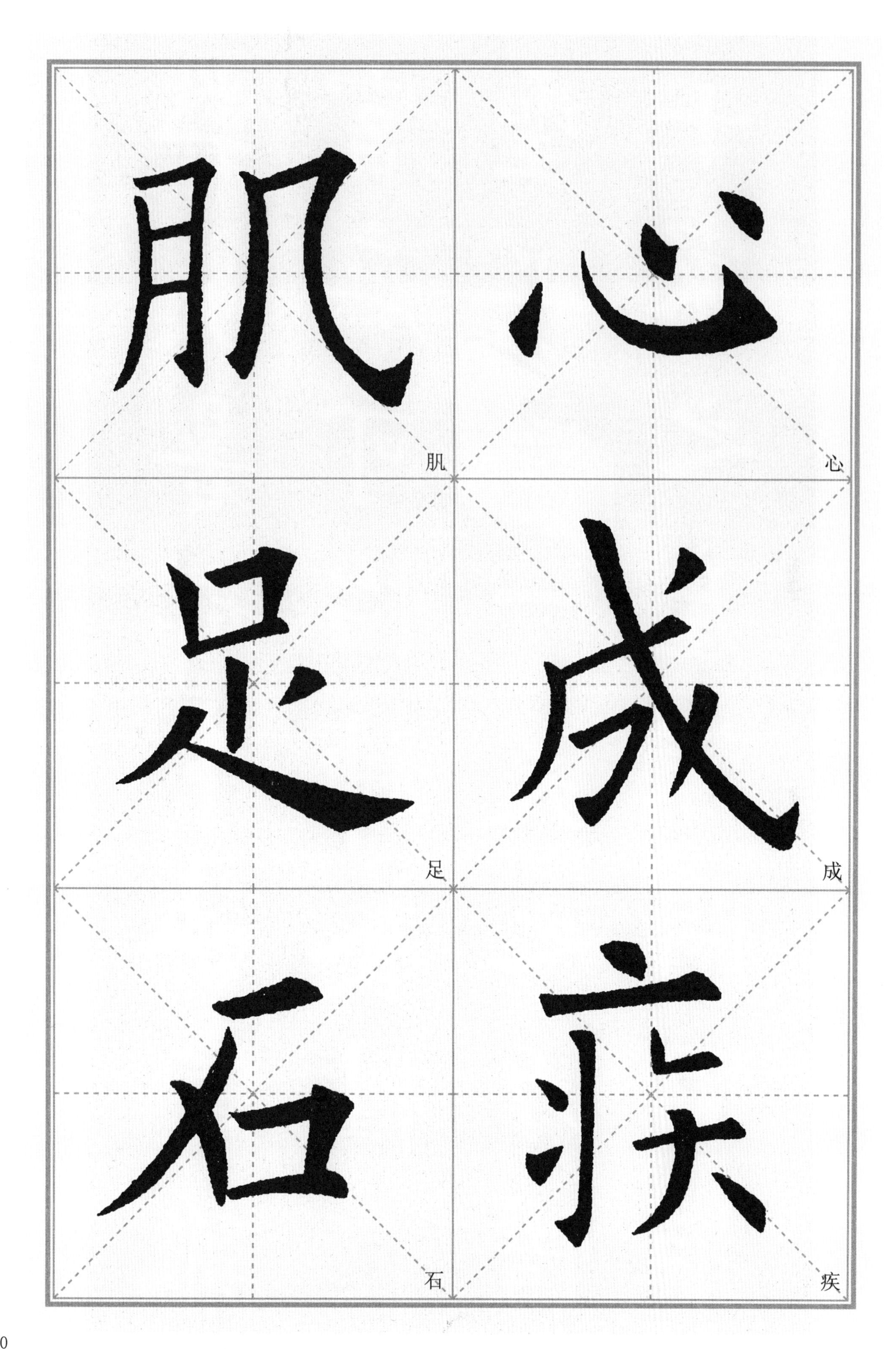
肌
心
足
成
石
疾

弊炎暑。群下请建离宫。庶可怡神养性。圣上爱一夫之力。惜十家之产。深闭固拒。

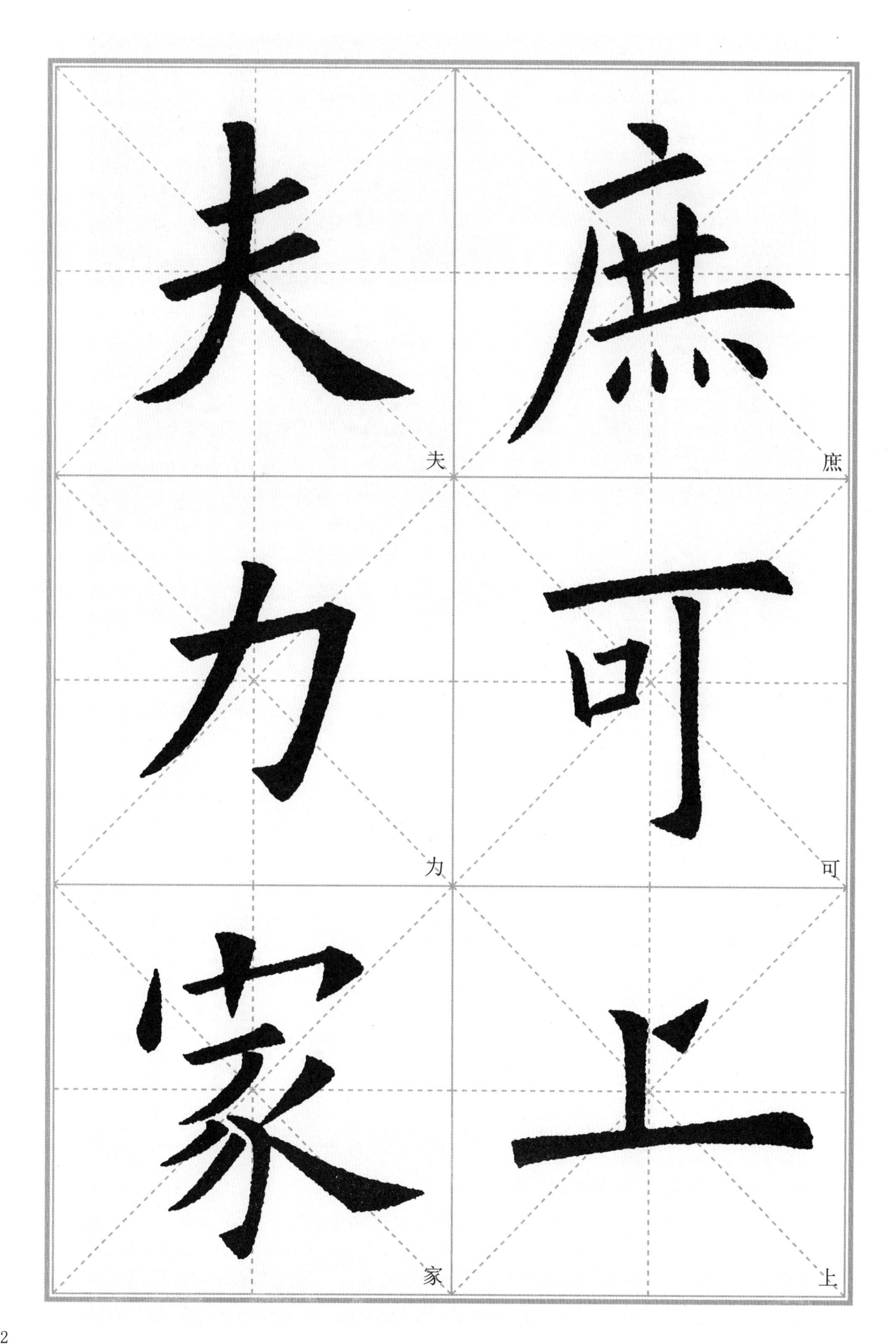
庶
夫
可
力
上
家

未肯俯从。以为随氏旧宫。营於曩代。棄（弃）之则可惜。毁之则重劳。事贵因循。何必改作。

氏
事
循
何
必
改

于是斲（斫）彫（雕）为朴。损之又损。去其泰甚。葺其颓坏。杂丹墀以沙砾。間（间）粉壁以涂泥。玉砌

其
雕
丹
又
玉
泰

接於土阶。茅茨续于琼室。仰观壮丽。可作鉴于既往。俯察卑俭。足垂训於后昆。此所（所）

垂
仰
训
壮
於
俯

谓至人无为。大圣不作。彼竭其力。我享其功者也。然昔之池沼。咸引谷涧。宫城之内。

大
池
作
谷
然
宫

本乏水[源]。求而无之。在[乎]一物。既非人力所致。圣心怀之不忘。粤以四月甲申朔。

而
物
非
致
心
申

旬有六日己亥。上及中宫。历览台观。闲步西城之陰（阴）。[踌]躇高阁之[下]。[俯]察厥土。微

历
旬
闲
及
西
中

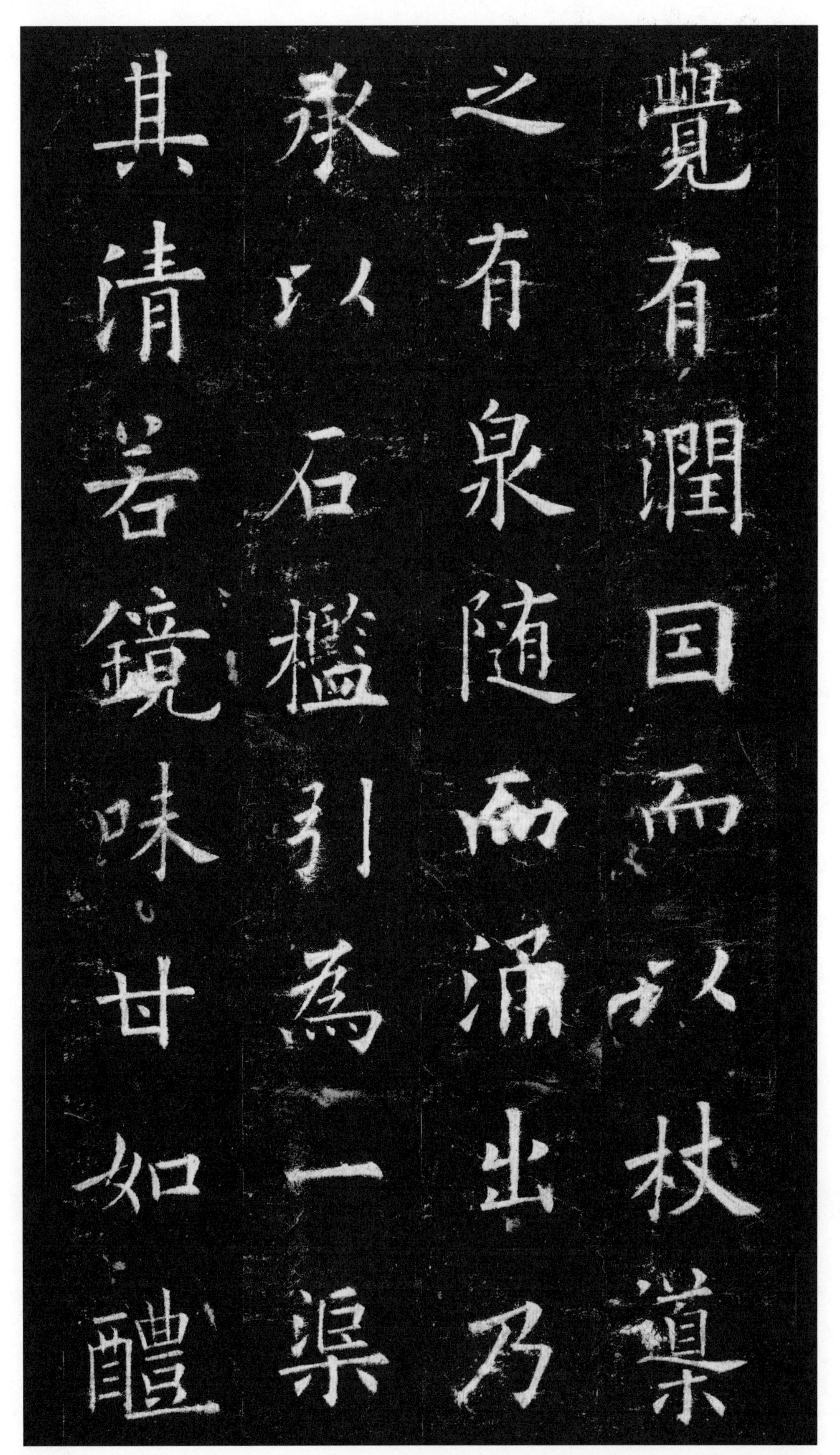

觉有润。因而以杖导之。有泉随而涌出。乃承以石槛。引为一渠。其清若镜。味甘如醴。

泉
引
清
若
甘
如

南注丹霄之右東[illegible]
度於雙闕[illegible]青瑣
縈帶紫房激揚清波
滌蕩瑕穢可以導養

南注丹霄之右。东流度於双阙。贯穿青琐。萦带紫房。激扬清波。涤荡瑕秽。可以导养

南
房
霄
扬
萦
养

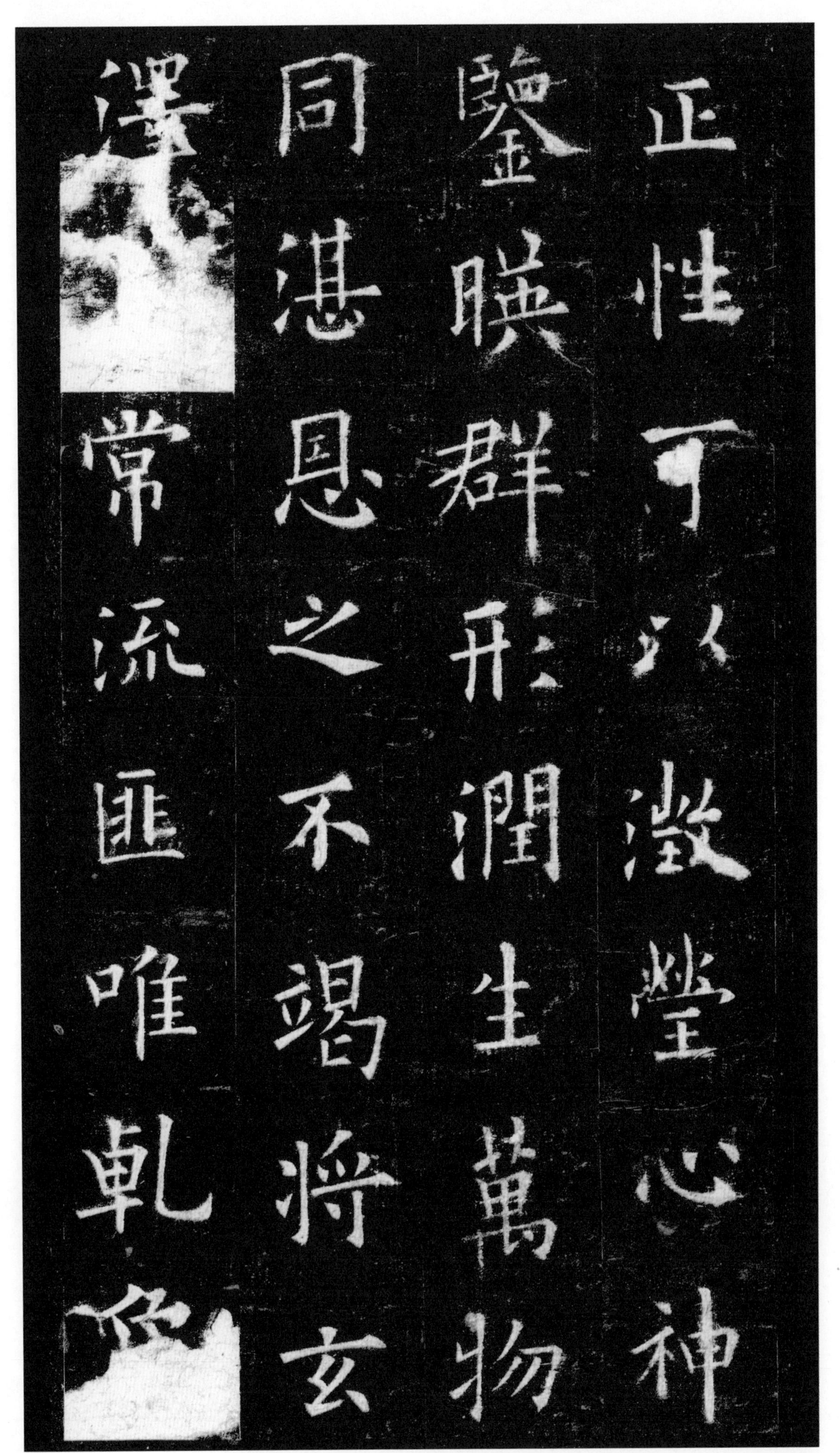

正性。可以澂（澄）莹心神。鉴暎（映）群形。润生万物。同湛恩之不竭。将玄泽[之]常流。匪唯乾[象]

玄
正
常
竭
唯
将

之精。盖亦坤灵之宝。谨案礼纬云。王者刑杀当罪。赏锡当功。得礼之宜。则醴泉出於

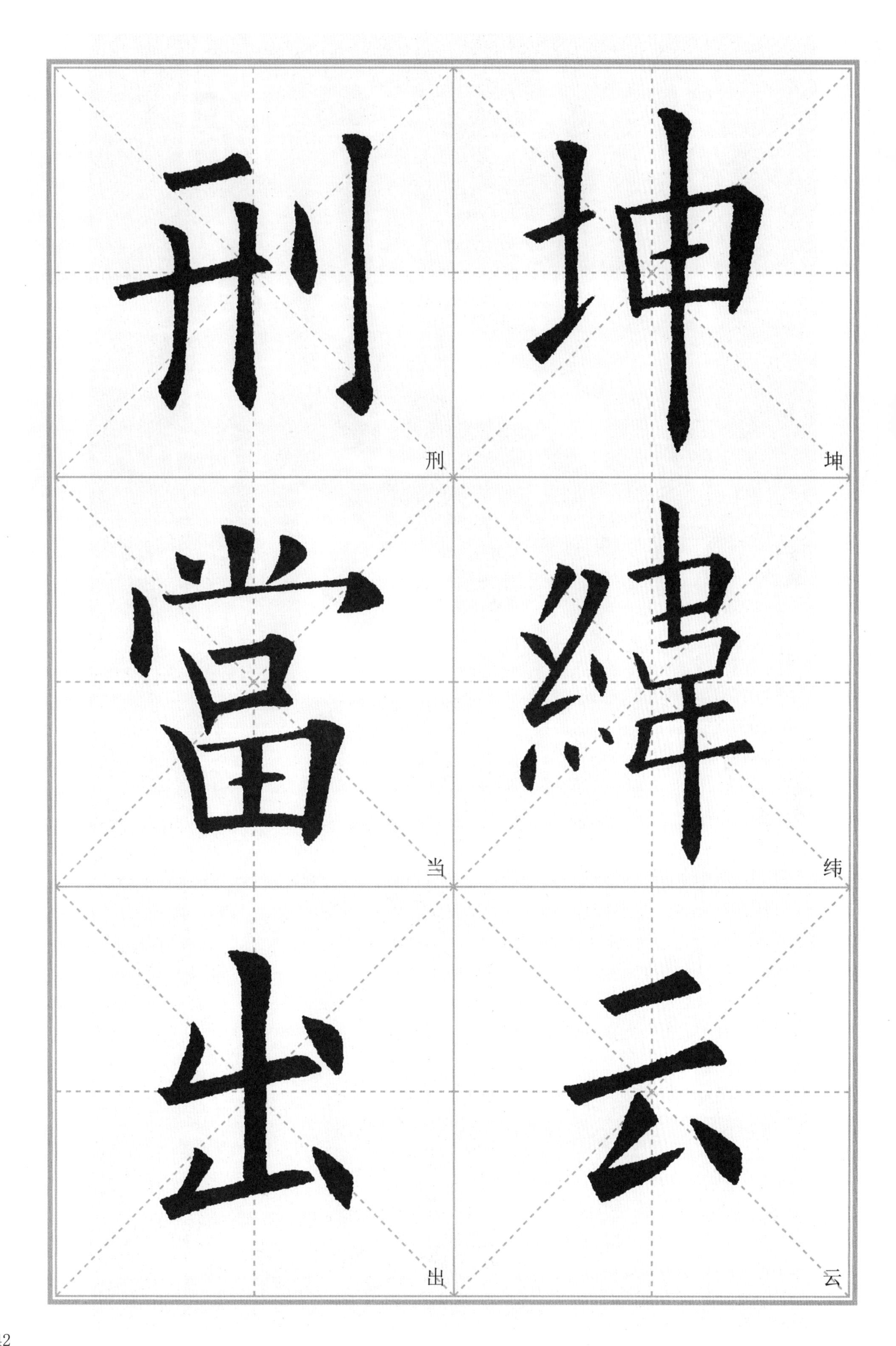
坤
纬
云
刑
当
出

阙庭。鹖冠子曰。圣人之德。上及太清。下及太宁。中及万灵。则醴泉出。瑞应图曰。王者

庭
冠
子
曰
下
瑞

纯和。饮食不[贡]献。则醴泉出。饮之令人寿。东观汉记曰。光武中元元年。醴泉[出]京师。

獻
献
漢
汉
飲
饮
光
光
令
令
元
元

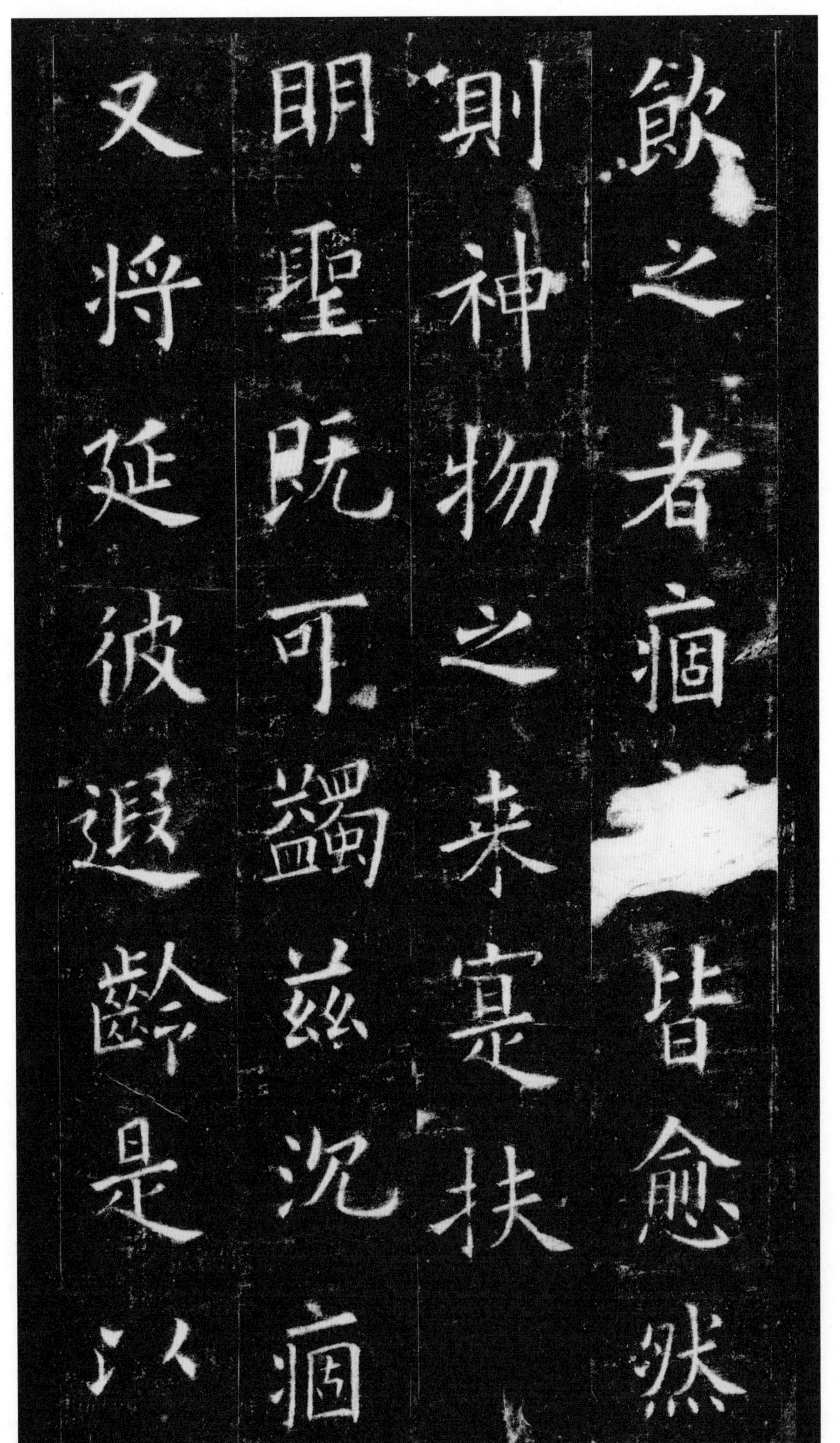

饮之者痼疾皆愈。然则神物之来。寔（实）扶明圣。既可蠲兹沉痼。又将延彼遐龄。是以

者
痼
皆
扶
沉
延

百辟卿士。相趋动色。我后固怀撝（㧑）挹。[推]而弗有。虽休勿休。不徒闻於往昔。以祥为惧。

弗
后
休
固
不
怀

实取验於当今。斯乃上帝玄符。天子令德。岂臣之末学所（所）能丕显。但职在记言。属

天
天
豈
岂
但
但
職
职
在
在
記
记

茲書事。不可使國[之]盛美。有[遺]典策（策）。敢陳實錄。愛勒斯銘。其詞[曰]。

爱
国
勤
盛
斯
录

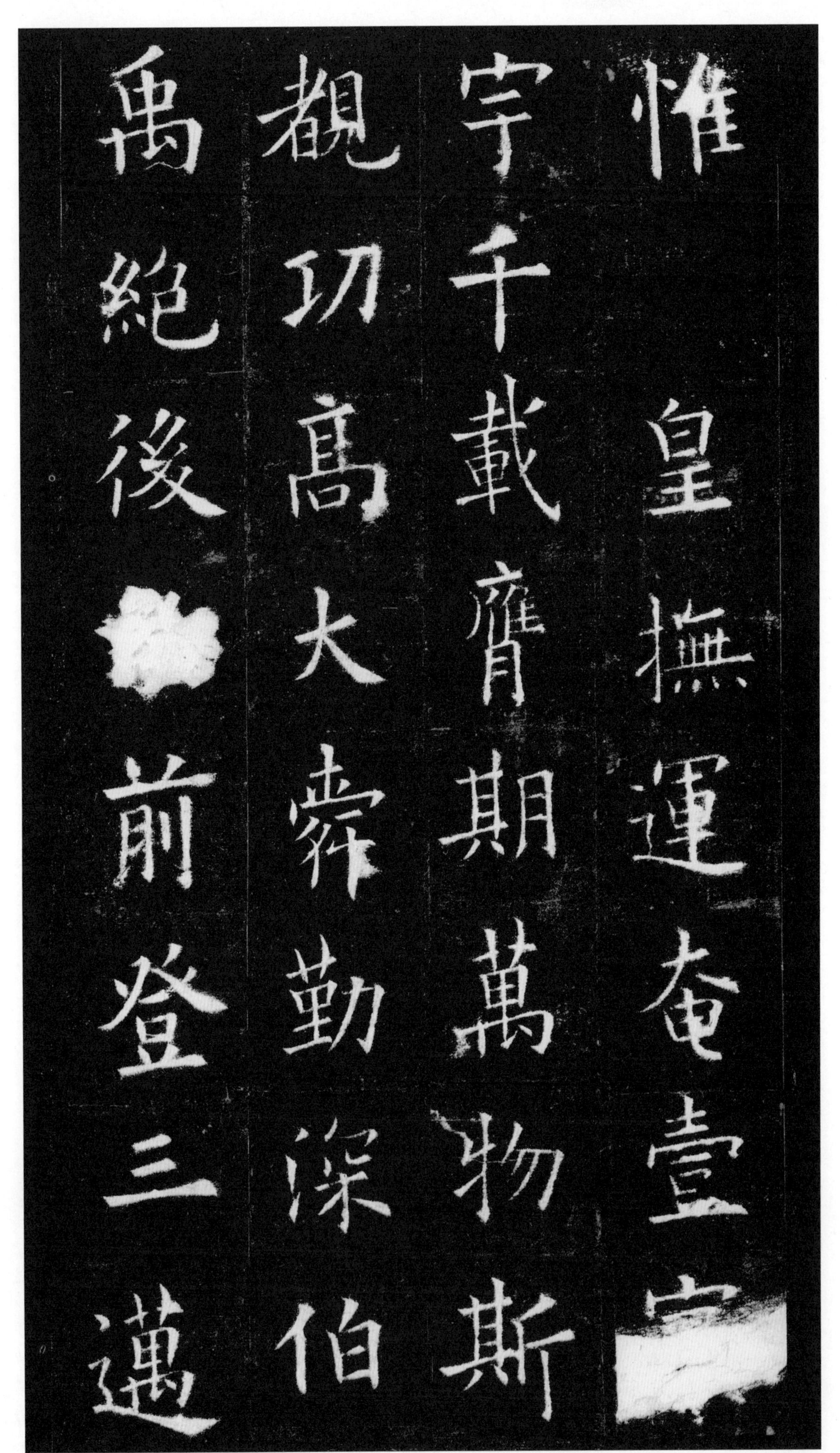

惟皇抚运。奄壹寰宇。千载膺期。万物斯覩（睹）。功高大舜。勤深伯禹。绝后光前。登三迈

皇
伯
奄
登
勤
三

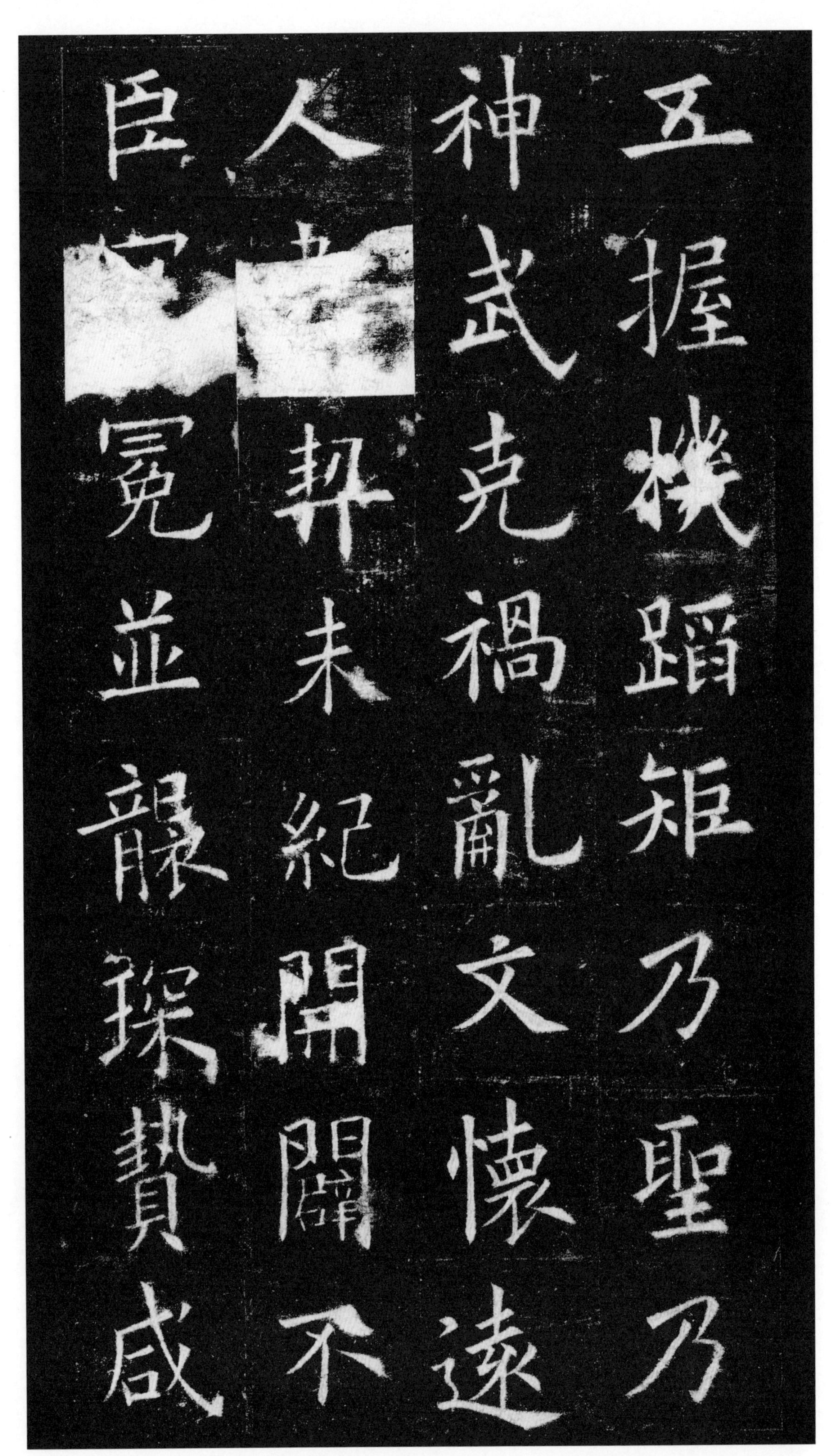

五。握机蹈矩。乃圣乃神。武克祸乱。文怀远人。书契未纪。开辟不臣。冠冕並（并）袭。琛贽咸

克
五
文
矩
远
武

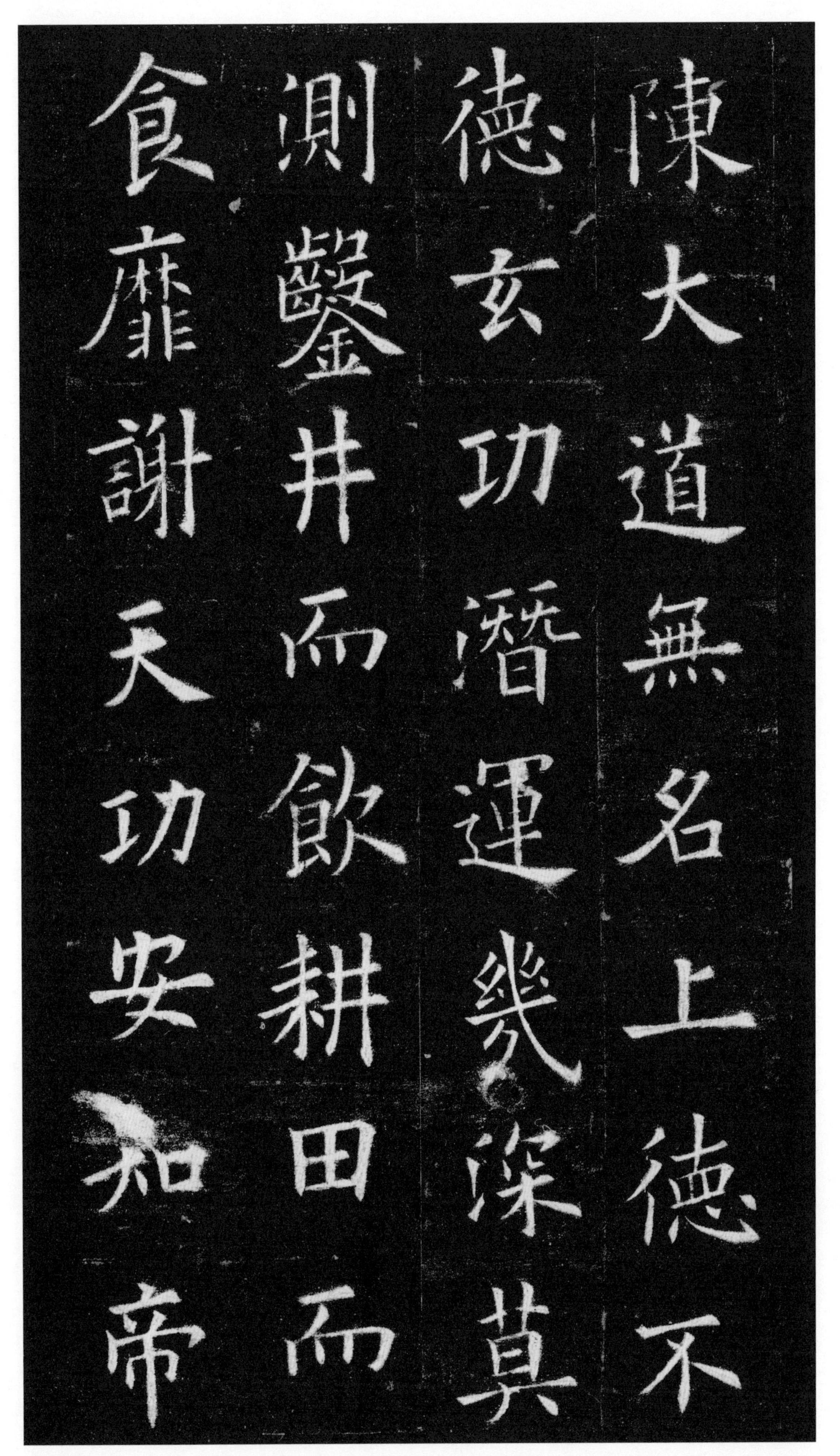

陈。大道无名。上德不德。玄功潜运。几深莫测。凿井而饮。耕田而食。靡谢天功。安知帝

名
名
功
功
深
深
莫
莫
井
井
田
田

力。上天之载。无臭无声。万类资始。品物流形。随感变质。应德效灵。介焉如响。赫赫明

品
效
形
赫
随
明

明。杂遝（沓）景福。葳蕤繁祉。云氏龙官。龟图凤纪。日含五色。乌呈三趾。颂不辍工。笔无停

雜
杂
社
社
官
官
含
含
色
色
工
工

史。上善降祥。上智斯悦。流谦润下。潺湲皎洁。蓱（萍）旨醴甘。冰凝镜澈。用之日新。挹之无

史
善
祥
悦
旨
新

竭。道随时泰。庆与泉流。我后夕惕。虽休弗休。居崇茅宇。乐不般遊（游）。黄屋非贵。天下

道
崇
庆
宇
居
屋

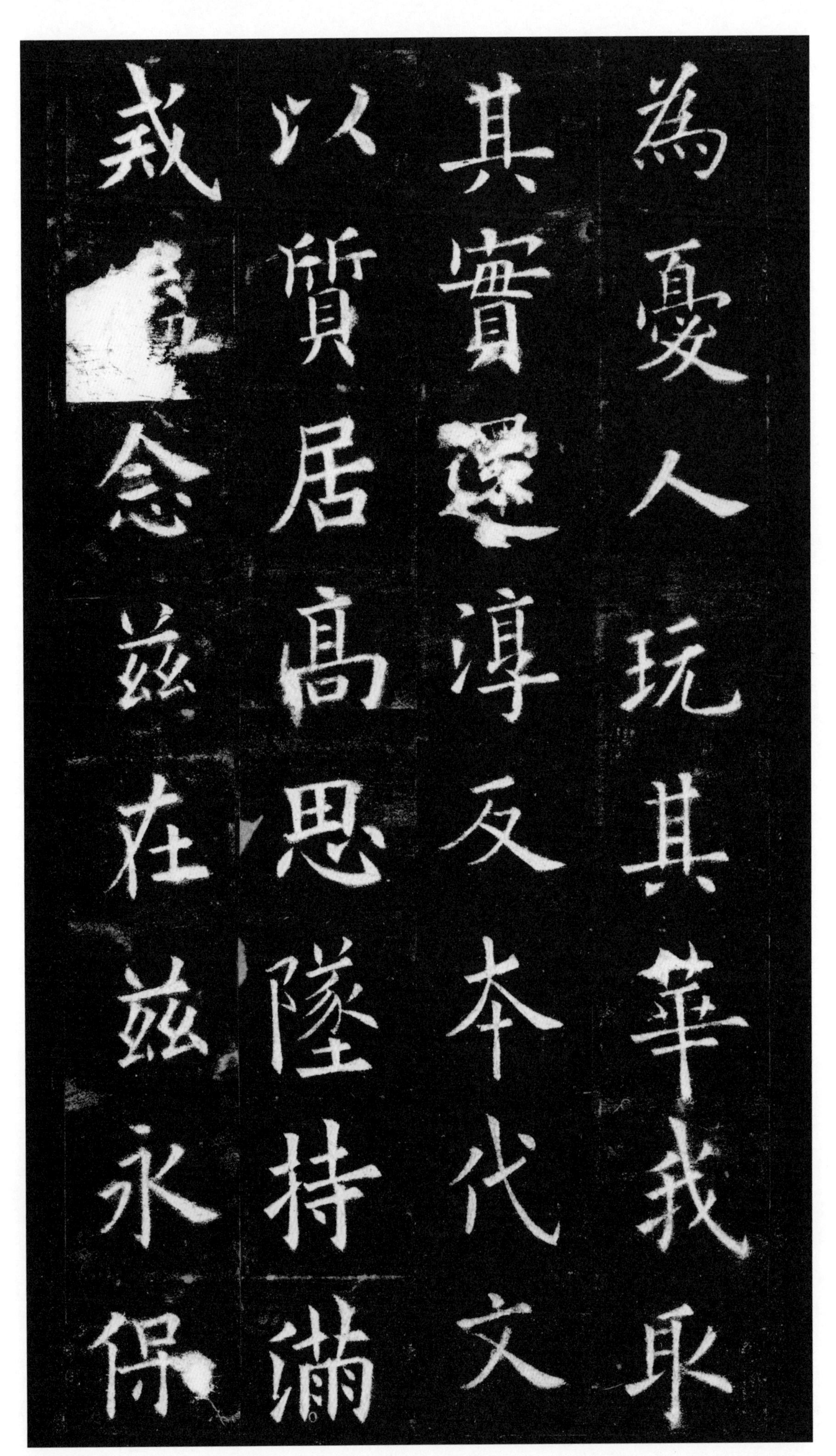

为忧。人玩其华。我取其实。还淳反本。代文以质。居高思坠。持满戒溢。念兹在兹。永保

為
为
代
代
我
我
思
思
本
本
滿
满

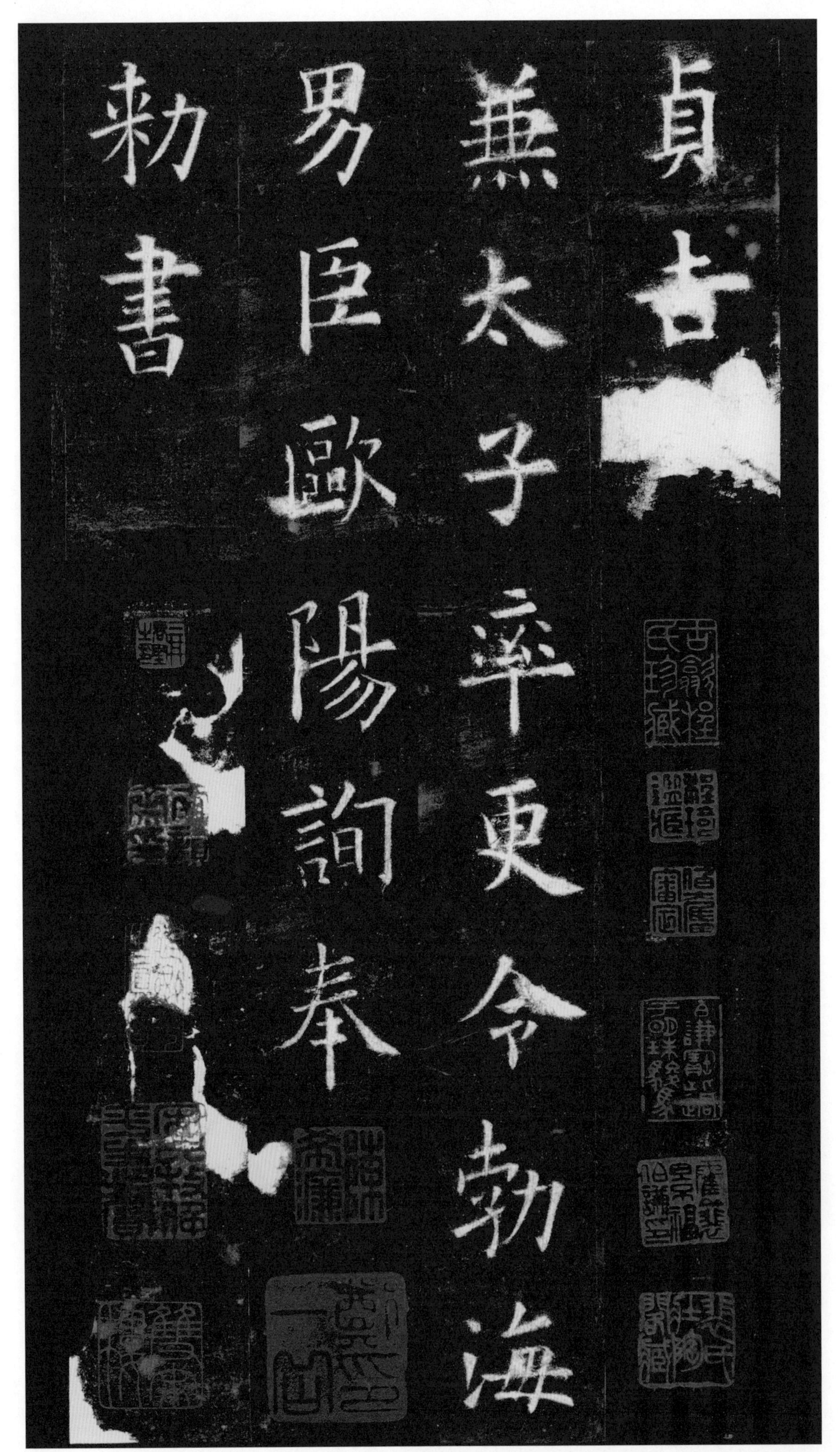

贞吉。兼太子率更令。勃海男臣。欧阳询奉勑（敕）书。

男
臣
阳
询
奉
书

欧阳询与《九成宫醴泉铭》

欧阳询（557—641），字信本，潭州临湘（今湖南长沙）人，与颜真卿、柳公权、赵孟頫合称为“楷书四大家”。陈武帝永定元年生于广州，祖籍渤海千乘（今山东高青），14 岁时由父亲好友江总收养，后客居长安。隋朝一代，他仕途不畅，官至太常博士，无文名，仅以善书名重长安。唐初封为太子率更令，故称“欧阳率更”，卒于率更令上，享年 85 岁。欧阳询不仅是一位书法家，还是一位书法理论家，著有《八诀》《用笔论》《传授诀》《三十六法》等；他也是一位文学家，奉诏参修《陈书》《艺文类聚》。其书法平正中见险绝，楷书骨气劲峭，法度严整，为后代书家所重，世称“欧楷”。

《九成宫醴泉铭》碑石高 2.7 米，上宽 0.87 米，下宽 0.93 米，厚 0.27 米，碑额篆书，碑文楷书，二十四行，行五十字，魏徵撰文，欧阳询书，唐贞观六年六月立于麟游九成宫。九成宫乃隋唐帝王避暑行宫，碑载：贞观六年四月唐太宗至此，“历览台观，闲步西城之阴，踌躇高阁之下。俯察厥土，微觉有润，因而以杖导之，有泉随而涌出，乃承以石槛，引为一渠，其清若镜，味甘如醴。”说明了醴泉的由来，其铭末颂中有讽，乃魏徵对太宗之谏语。此碑乃欧阳询晚年手笔，法度严整，骨气劲峭，浑厚沉劲，意态饱满。表现了融隶于楷的特点，是欧阳询的代表作之一，有“正书第一”“楷书极则”之誉。今此碑原石尚存，但经剜凿，损泐过多，已非原貌。本帖采用三井宋拓本，现藏于日本三井文库。

《九成宫醴泉铭》基本笔法

欧阳询楷书笔法特点显著，用笔以方为主，方圆结合。起笔转折棱角分明，笔画刚劲有力，粗细自然、匀称。整体凝重浑穆，中宫收紧，含蓄内敛，稳中寓险，点画灵动，富有变化，多取背势，攲侧揖让。

一、点　以右点为例，藏锋逆入，笔锋着纸较轻，折笔右下顿笔，向下方垂直铺毫行笔，向左上敛锋收笔。有左点、竖点、挑点、捺点等。

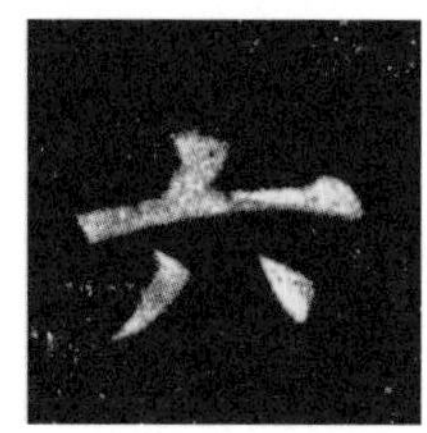

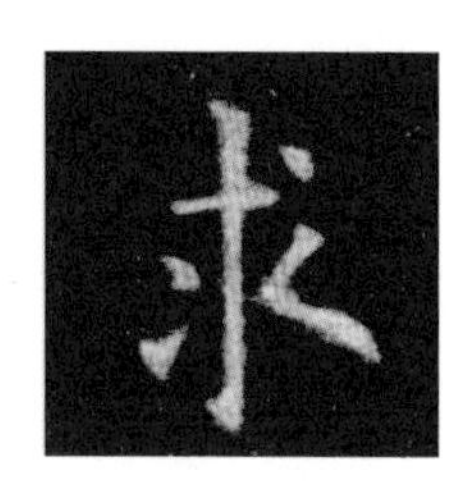

二、横　以长横为例，藏锋逆入，向右下作顿笔，提笔转锋，中锋行笔，略右上倾斜，行至尾端，将毫铺足，提笔向左回锋收笔。有短横、尖横等。

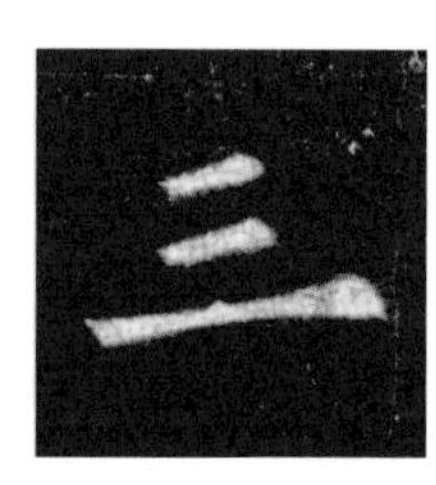

三、竖　以垂露竖为例，藏锋逆入，向右下作顿笔。中锋下行，渐行渐铺毫，行笔至末端，稍提笔向下作顿，回锋收笔。有悬针竖、短竖等。

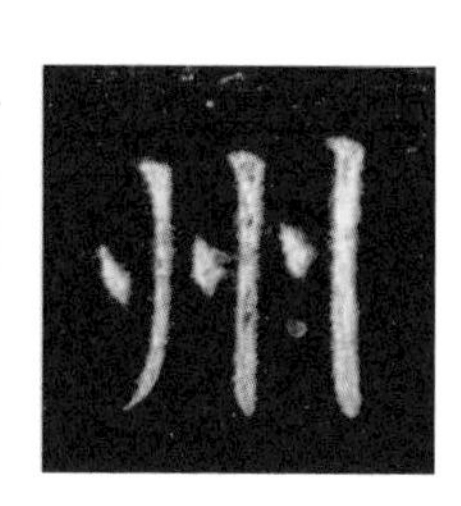

四、撇　以短撇为例，起笔与竖画同，藏锋逆入，右下顿笔，提笔转锋，左下行笔，渐行渐提，顺势出锋，力至笔端，整体短劲平直。有长撇、竖撇等。

五、捺　以长捺为例，顺承上一笔画之势，笔锋直接入纸，向右下方行笔，渐行渐铺毫，至捺角处，将铺毫渐提渐收，笔离纸面。有平捺、反捺。

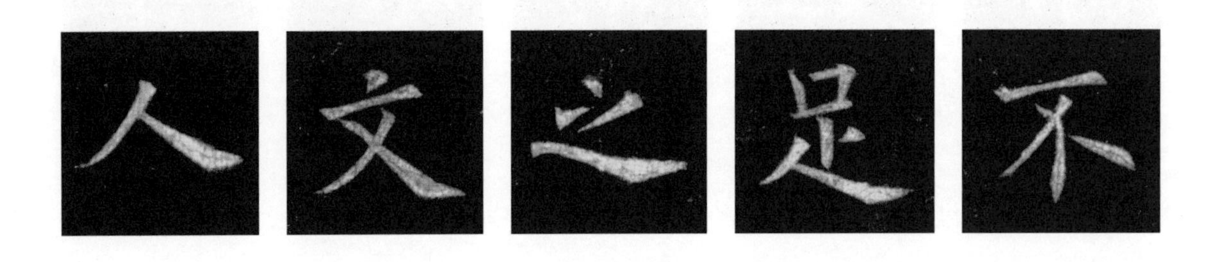

六、折　以横折为例，起笔写法与横画同，中锋铺毫行笔，转折处先提笔，向右下作顿笔后调锋向下行笔，如垂露竖收笔。有竖折、撇折。

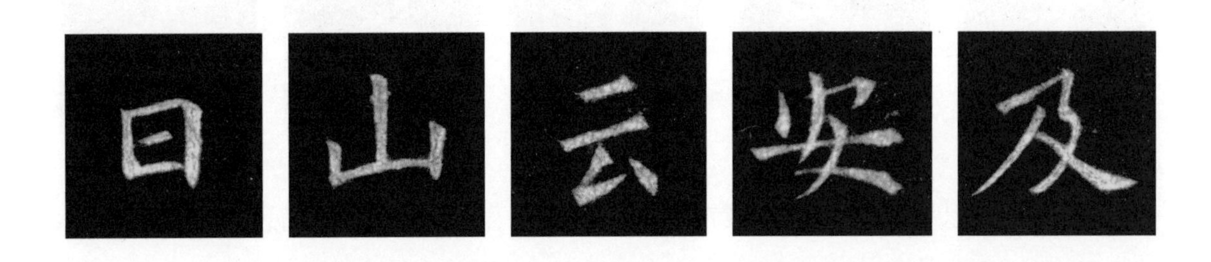

七、钩　以竖钩为例，起笔与竖画相同，向下中锋行笔，中间直立挺劲。向左下顿笔，驻锋蓄势，提笔向左出锋，锋颖不宜太露。有横钩、斜钩、心钩、竖弯钩等。

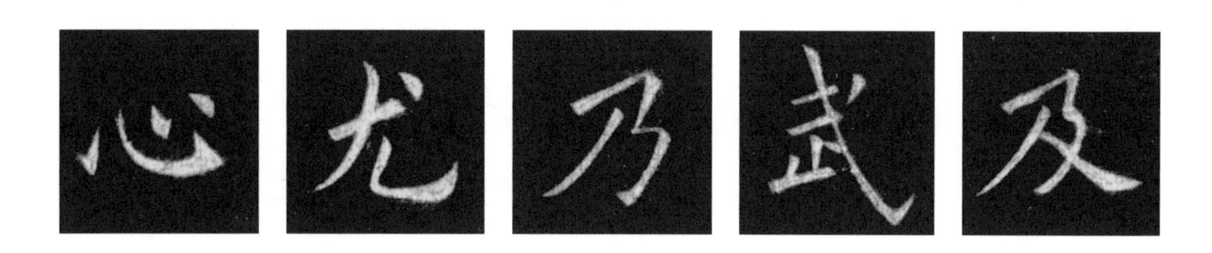

八、挑　起笔藏锋逆入，向右上提笔铺毫行笔，渐行渐提，右上方挑出，力至笔尖。

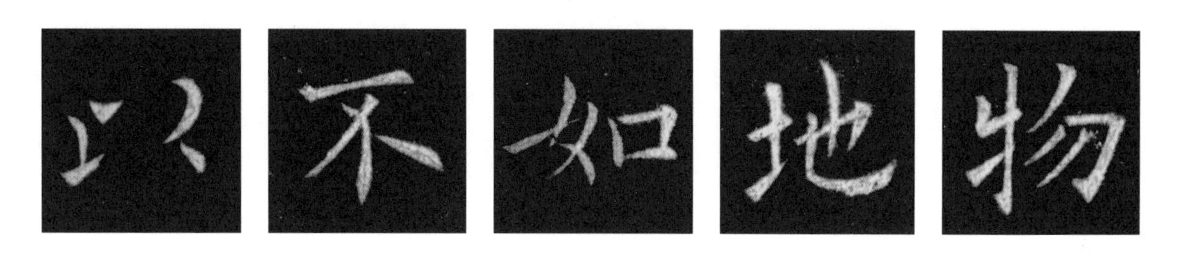